Tempo do tempo
Otávio Machado

Tempo do tempo
Otávio Machado

1ª edição, 2019 | São Paulo

LARANJA ● ORIGINAL

às minhas filhas Mariana e Fernanda

Prefácio

A correnteza do tempo em benefício do humano

O lirismo fechado, aquele enclausurado, recluso em si numa autossondagem miúda e epidérmica, em certos autores que atingem uma maturidade poética, expande-se até ilimitadas fronteiras, a fim de abarcar o mundo exterior. Ocorre então uma dilatação do "eu" a ponto de romper suas próprias barreiras e invadir o plano do "não-eu". O ser-poeta lírico, antes submerso na correnteza de seu próprio tempo, volta seus olhos para, dentre outras coisas, perquirir a dimensão da angustiante fugacidade do homem e das coisas. Tende a criar novas instâncias temporais, às quais correspondem aos anseios humanos, frente à urgência do tempo que escoa inexorável.

Tais ilações nos levam a refletir que o poeta ao expandir o seu eu lírico em "nós", avizinha-se das zonas de verdades universais, transpessoais de tal forma elevadas que transmitem uma sensação, senão de plenitude existencial, de um degrau mais avançado de compreensão. O canto que brota dessa cosmovisão totalizante é muito dele, poeta, mas o é também de toda a gente, de toda a humanidade. Poderíamos afirmar que há aí o fluxo de um *universalismo individualista* que resulta do encontro e subsequente expressão das universais e perenes inquietações humanas, operado através da sondagem das profundezas abissais do "eu", em direção a outro universalismo no qual o poeta está voltado integralmente no sentido de captar e expressar as perenes angústias, com a sondagem dos grandes conflitos humanos situados via de regra fora do seu "eu" mas identificáveis com ele, isto é, na medida em que o poeta delas participa em decorrência de sua inalienável condição humana, como bem definiu Massaud Moisés.

O tempo, esse senhor dos destinos, vem de priscas eras afligindo o pensamento humano. Santo Agostinho (354-430) fez talvez a mais importante reflexão sobre o tempo na história do pensamento. Perguntou-se ele:

Que é, pois, o tempo? E que assunto mais familiar e mais batido nas nossas conversas do que o tempo? Quando dele falamos, compreendemos o que dizemos. Compreendemos também o que nos dizem quando dele nos falam. O que é, por conseguinte, o tempo? Se ninguém me perguntar, eu sei; porém, se o quiser explicar a quem me fizer a pergunta, já não sei.

Reflexões como essas iniciaram-se com a filosofia de Santo Agostinho e tiveram seu ápice no pensamento moderno, sobretudo em David Hume (1711-1776) e Immanuel Kant (1724-1804). O tempo seria uma construção ou elaboração do espírito, sem existência fora dele (Sto. Agostinho) ou uma apreensão empírica regular de relações causais de antes e depois (Hume), ou uma intuição pura do espírito (Kant)?

Tão fascinante e não menos desafiadora, a questão do tempo na vida humana sempre suscitou teorias filosóficas, científicas e inúmeros aportes literários. Nesses últimos ressalta a expressão particular da experiência humana do tempo, e, mais do que uma especulação filosófica ou noção científica, é uma percepção subjetiva marcada pela sensibilidade individual. O livro de poemas *Tempo do tempo*, do poeta Otávio Machado é uma verdadeira e bem-sucedida síntese de como o tempo se instaura no poético. A propósito nos ocorre trecho de Alfredo Bosi — in: *O ser e o tempo da poesia*— ao identificar em nossos dias que

o poema aparece em nossa cultura atulhada de empecilhos como um ato de presença puro, forte, arroubado, premente. Na poesia cumpre-se o presente sem margens do tempo, tal como o sentia Santo Agostinho: presente do passado, presente do futuro e presente do presente. A poesia dá voz à existência simultânea, aos tempos do Tempo, que ela invoca, evoca, provoca.

Justamente. Em Machado, esse ato de presença premente é plural. São várias as temporalidades em que vive a consciência do poeta e que, por certo, atuam eficazmente na rede de conotações do seu discurso. Os tempos se interpenetram nos poemas aparecendo temporalidades descontínuas, ondeantes, cíclicas díspares ou mesmo rotas, ao lado da experiência histórico-social, presentes no ponto de vista cultural que tece a trama de valores de sua poética.

Estrofes do poema "ano novo":

*(...)
as dúvidas e as ansiedades
somente evoluem da palavra,*

como um aprendiz de tudo
observo o caminhar das horas:
como um pedreiro de sais
colhendo do próprio prumo
o equilíbrio da vida entre o
reboco e os tijolos, me elevo
ao entalhar os detalhes e
as geometrias infindas.

O autor segue operando um encontro construtivo com o leitor atento e sensível porque toca num processo comum a ambos: o espírito humano que "sabe abrandar os intervalos da sucessão [temporal], reunir num só quadro a série variada das múltiplas figuras, manter esse quadro na representação e desfrutá-lo", conforme sugeriu Georg Hegel (1770-1831). E mesmo em face de nossa "condição pós-moderna", na qual as identidades estão associadas a uma nova forma de temporalidade breve e superficial onde a complexidade social dá a tônica de um tipo marcado pela identidade de consumidor. Pura e simplesmente, e ainda assim, ainda há espaço para um poema como "viagem":

jogos de linguagem,
um apego da memória:
compreender as falas e as crises
procurando revelar o ser,
determinando a fisionomia
do amanhã.

a memória se rende ao silêncio
buscando pela essência das coisas.

*nem herói, nem vilão,
nem monstro, nem santo,
como um humano eu me basto.*

*em absoluta intimidade com
o vital e a expressão do meu dia.*

*a água do instante é a
vida indiferente ao sonho.
o espaço onde os dedos pousam
nas necessidades do corpo
em elementos essenciais
da própria palavra suspensa.*

*compondo o futuro
num olhar inerte que me rege:
antecedo aos ponteiros
do relógio na parede e
o jogo se antecipa mais um pouco:
no tempo do homem
mais rápido e imóvel que antes
no vento dos pássaros
eu movo o passado da história
nos sinais da viagem presente.*

*mas há variações do meu voo:
uma sagrada iluminação na alma.*

Enquanto categoria psicológica, o tempo na poesia lírica se faz resgate ou antecipação, memória ou espera. Resgata-se a emoção vivida, antecipa-se o momento desejado. Rompem-se as amarras da causalidade temporal física: é o primado da interioridade humana. Encarado sob diferentes ângulos, mas sempre constante, o tempo na obra de Otávio Machado, além de ser um tema "em profusão", é recorrente também na expressão de forte drama existencial resultante dos diferentes embates entre o eu lírico e sua vivência temporal, sobretudo os relacionados à memória. Poema "quintal":

um sabor de manga madura
escorre pela boca.
um som de balanço range
a vida aqui dependurada.

há uma sombra pacificada
em baixo da velha árvore.
uma lembrança dos passos
um cheiro de hortelã pisada.

uma inocência atravessa o sonho
e no rosto pesa sobre mim.

em qual sol suspenso e em
quais pedaços acontecerá
um novo pensamento?

todo dia é passagem.
todo dia há uma flor

um sabor, seiva da alma.
todo dia um quintal
um cheiro de chuva.
todo dia há uma vida
e uma mão estendida:

um sabor de manga madura
dentro de uma saudade.

O autor ameniza a angústia existencial que lhe causa a premência do tempo físico, cronológico, objetivo. Sentindo a ação inexorável do tempo, o poeta não foge ao curso do inevitável encontro com a desagregação física (a morte) e transcende o tempo em busca do Tempo. Poema "azul":

(...)
esparramando assim o meu
viver no reino do tempo,
recomeçando a longa
viagem da alma:

a morte é um novo parto de mim.

Otávio Machado deflagra o poder do Tempo na vida do ser humano, enquanto instante que ultrapassa os limites temporais socialmente impostos ou cientificamente esquadrinhados, transportando o ser para além de sua finitude e libertando-o das correntes da sucessividade. Aposta no poder temporal da palavra poética. Indiferente às especulações decorrentes de se medir o tempo, ou mesmo de defini-lo quanto à sua natureza, a poesia lírica — excelência do "eu" — o executa, vivencia, subverte, resgata, instaura e transcende. É a glorificação do instante poético — leia-se instante metafísico. E veja-se ainda a perspectiva da existência humana com suas quedas e superações, para afinal descobrir o mais 'além'. Transcrevemos a íntegra do poema "descoberta":

primeiro:
você perde a alma
nas peregrinações e
tentativas concretas.

segundo:
você sonha ser mais que a chuva,
além das químicas e
impossibilidades das esquinas.

terceiro:
você morre de medo dos ventos,
que sopram o final da noite
e revelam as suas fragilidades.

quarto e além:
você fica à beira de si
em um abismo de artérias
de um mistério perecível.

porque olhares medem o tempo
propondo a cancela das horas
com penitências que se movem
entre os acordos com Deus.

e ainda se houvesse mesmo um final
você reencontraria a alma
intacta
de malas prontas
e passagem carimbada.

No poema "tempo" a visada de como ele nos atravessa a existência:

o tempo
pelos poros
pelas entranhas
se emana.

um plano
um riso
um guia

na leitura das pálpebras
ametistas são água cristalina,
um limite oceânico ancestral.

pelos embaraços
pelos pelos
o tempo
se arremata.

sem julgamentos:
o tempo do tempo.

"Labirinto" é o título do último e belíssimo poema deste livro. E não há como negar que isto nos conduz inopinadamente à lenda grega do "fio de Ariadne", termo usado para descrever a resolução de um problema que se pode proceder de diversas maneiras óbvias (como exemplo: um labirinto físico, um quebra-cabeça de lógica ou um dilema ético). É um método singular que permite seguir completamente vestígios ou assimilar gradativa e seguidamente uma verdade que a Poesia nos sugere. A concebível harmonia cósmica e suas altas expressões. Como se existisse no centro do universo e no íntimo das superiores obras, a mesma força, o mesmo impulso energético. Como se a natureza e o cosmos, enquanto conjunto de coisas e seres que a mão do homem não transformou, fosse o espelho em que a arte se mirasse para traduzir os grandes dramas da condição humana.

Poema "explícito":

como que
vindo de outra vida,
chego onde estive
como quem parte
no passado que não finda.
o presente será
o futuro do sonho.

no sabor da frase
escapo em pensamentos
pela boca do tempo,
na liquidez da névoa —

escancarado, me revelo ao mar.

A poética de Otávio Machado colabora intimamente com a obra da Natureza, investigando relações que ela condiciona e estimula a partir de nosso esforço de compreensão. A natureza enriquece-se por certo, enriquecendo o próprio homem, e nesse intercâmbio em que o autor parece o móbil utilizado por ela para se manifestar e tornar vivas todas as suas forças potenciais. Tempo e poesia imbricam-se, fundem-se, irmanam-se, refletem-se... Da essência da lírica, emerge a temporalidade, essência do homem. Homem-poeta que subleva o tempo medido e inventa o "não-tempo". A leitura dos poemas deixa-nos a forte impressão de estarmos a lidar com obra de valor artístico de tal forma depurado que nos leva em direção às respostas, às indagações permanentes da humanidade e parecem expor uma esfera acima da relatividade de cada indivíduo. Não percamos mais 'tempo'. Forçoso ler e ponderar profundamente sobre este "Tempo do tempo".

Krishnamurti Góes dos Anjos
Escritor e crítico literário

da palavra que amanhece e vive
na poesia que se permite livre
por todo o poeta, em que o olhar resiste,
o melhor sentimento e consideração.

Salve Poesia!!!

Escombros

tanta coisa a dizer
e apenas
o abalo sísmico
do silêncio

um lento
desmoronar
por dentro

mas tento
escavar as palavras
sob os escombros

retirar o precioso
do precário

e dizer
à vida
somente
o necessário.

Marcos Magoli

o corpo

não morreu de fome
nem de tombo
nem de peste.

não morreu de velho
nem de tempo
nem de tédio.

não morreu de escuro
nem de luz
nem de sombra:

morreu de *tudo*

neste dia

tudo será oceano.

desenhos das luzes
detalhes das viagens
desvios das formas

para ver revelado o dia.
para que o encanto dure.
para que o enquanto seja,
até que se faça o meu todo.

até amanhecer o encontro
até o extremo do excesso
até não ser preciso explicação.

porque há de se ter os passos
porque há de se colorir os tons:
porque há de se cumprir as horas.

subentendido o meu tempo é
ainda muito pouco:
afinal, ele não bastará.

formação

o ventre e o vento
dos olhos que cuidam
e revelam estrelas
sobre o que somos
sem excesso e escalas,
são apenas exatos.

mais que gestos
mais que gostos
dos olhos ocultos,
de flores e frutos,
de chuvas e vidas

os olhos que se revelam
são as próprias estrelas
e são os sentimentos dos
regressos na luz do espelho —

de tudo que aceitamos
e de tudo que concebemos,
restam
as flores e os frutos.

luz

uma prece
rezada por outro,
que você não entende
mas te faz bem.

um cheiro de flor
da relíquia que se foi
por toda dor e por
toda asfixia do dia.

no remanejar da vida
na dissolução das formas
na volúpia de um azul
que sempre renasce
como luz nos escombros.

ano novo

pássaros avulsos sobrevoam o tempo.

desfazemos pouco a pouco a bagagem.
cuidados da imagem se fixam
ao ficarmos mais leves —
os braços dissolvem a resistência.
as emoções fundamentam
o processo do novo amanhecer.

as dúvidas e as ansiedades
somente evoluem da palavra,
como um aprendiz de tudo
observo o caminhar das horas:
como um pedreiro de sais
colhendo do próprio prumo
o equilíbrio da vida entre o
reboco e os tijolos, me elevo
ao entalhar os detalhes e
as geometrias infindas.

imagens me tramam a sina,
sangram e salvam.

como um engenheiro das sílabas
monótonas e necessárias
amo a forma escancarada
e discípula, como um explícito
modo do verbo não se repetir.

a vida é um *sim*.

morar no coração de um pássaro

alguém construiu por engano
os meus dias distantes.

desenhei um mapa
para o meu lugar no vento,
desenhei palavras
para os que dão mil faces
entre o corpo e o que eu vejo.

para os que me fizeram observar
melhor as coisas
para os que me fizeram ousar
melhor no espanto
para os que me fizeram amadurecer
melhor no viver
provoco em cada ideia uma vida.

desenho um pássaro

aos que me fizeram decidir
por esse amor íntimo —
para que o infinito, enfim,
faça morada.

um plano

tanto tempo e
essas linhas pontiagudas
a perfurar a guarda —
lanças encontradas,
desafios psicológicos,
concessões de tudo:
são palavras-chave
o espaço elementar
das revelações.

caminho em busca do sinal,
um sorriso ascendendo estrelas
que ensaia minha eternidade.

o que posso dizer ainda é
construa um sol
reza e tem fé...

contei o que há no jardim,
as lendas não são o próprio sonho
quando tudo parecia impossível:
são a realidade cotidiana.

caminho em busca do sinal,
um olhar ascendendo cadências
que ensaia minha sobrevivência.

o tempo do tempo é que
planeja o ar.

além

além do próprio amor
o tempo não mancha a alma.
nascemos fartos por
todos os dias
nascemos de tudo o que resta
e da memória indesejada.

juntar-se devagar
juntar-se e espalhar
nos olhos da paciência
os anúncios da verdade:

o ressurgir do novo dia.

permaneceremos calmos
habitando flores e aflições?
adentraremos a noite
no bosque das entranhas
antes que a poesia seja esquecida?

antes de tudo sou mesmo um estranho.

se soubesse como mudar as estações,
alcançando a fotossíntese das plantas:
renasceria como a forma d'água.

cântico

a poesia me ensinou a cair.

somos partículas essenciais
somos danças e palavras
somos sombras e estrelas
somos quem ama e se permite:
os famintos de todos os dias.

somos as formas raras
na poesia que evita a queda.
somos a ética nas falas
somos o extremo das mãos
somos as surpresas nos abraços
somos as memórias de tudo —
repletos de semblantes dobrados
somos os passos pelas praças
somos a vida, tão frágil,
somos as ventanias que perpassam
a juventude em um respirar de flores.

olhar de anjo

tudo é uma grande sucessão
no universo divino.
caminho sob as leis harmônicas
embaladas pelo amor que nos rege.

nesta viagem em equilíbrio
é preciso consentir
com a mão do tempo que
esculpe as nossas faces.

tudo é uma grande sucessão
no universo terreno.
caminho sobre as leis injustas
embalado pelo amor que me tece.

é preciso reconhecer as estrelas
que moldam e habitam a alma.

despir o coração de tudo e de
todas as vestes observando
a carne crua e o banho que despe
os corpos enfileirados que
se abraçam e se procriam na noite,
alongando os espaços no núcleo da vida.

resplandecências aqui são sagradas odes
nos altares e nos olhares lunares.

então consentimos da carne
o próprio véu da possibilidade:
tudo é uma grande sucessão.

caminho inerente às leis e seus regentes,
com orações e brevidades.
e me sinto tão próximo da distância possível:
são breves os adeuses
que antecedem a liberdade.

viagem

jogos de linguagem,
um apego da memória:
compreender as falas e as crises
procurando revelar o ser,
determinando a fisionomia
do amanhã.

a memória se rende ao silêncio
buscando pela essência das coisas.

nem herói, nem vilão,
nem monstro, nem santo,
como um humano eu me basto.

em absoluta intimidade com
o vital e a expressão do meu dia.

a água do instante é a
vida indiferente ao sonho.
o espaço onde os dedos pousam
nas necessidades do corpo
em elementos essenciais
da própria palavra suspensa.

compondo o futuro
num olhar inerte que me rege:
antecedo aos ponteiros
do relógio na parede e
o jogo se antecipa mais um pouco:
no tempo do homem

mais rápido e imóvel que antes
no vento dos pássaros
eu movo o passado da história
nos sinais da viagem presente.

mas há variações do meu voo:
uma sagrada iluminação na alma.

estelar

toda surpresa é pouca
no espaço que a espera.

todo algo que seja um momento
e que não mais se recompõe é
desse mundo o que não é nosso.

a morte me dá a transparência
das palavras que se necessitam.
como agora, quando me torno
imperturbável nesse avesso.

enquanto os ponteiros dissolvem
meu poder e meu estar no tempo,
confabulo um novo espaço
preambular pela noite:
invadido pela sua lembrança,
morro, apenas e simplesmente
como se houvesse renascido.

quintal

um sabor de manga madura
escorre pela boca.
um som de balanço range
a vida aqui dependurada.

há uma sombra pacificada
em baixo da velha árvore.
uma lembrança dos passos
um cheiro de hortelã pisada.

uma inocência atravessa o sonho
e no rosto pesa sobre mim.

em qual sol suspenso e em
quais pedaços acontecerá
um novo pensamento?

todo dia é passagem.
todo dia há uma flor
um sabor, seiva da alma.
todo dia um quintal
um cheiro de chuva.
todo dia há uma vida
e uma mão estendida:

um sabor de manga madura
dentro de uma saudade.

azul

sobre esse mar
sobre essa água
constelação líquida
uma lembrança
da própria estrela
que me perpassa.

há algo de sim
há algo que me espera
sobre o espanto que
é somente o temporal
que se volta
envelhecendo a face.

quando piso no mar
visto a vida de azul:
como fosse um plano
como fosse um guia
eu, o atalho do céu,
recomeço do alto
o meu próprio fim.

esparramando assim o meu
viver no reino do tempo,
recomeçando a longa
viagem da alma:

a morte é um novo parto de mim.

da morte

é noite
e a imagem escura
é arte do esquecimento.

celebrando as viagens
do longo arco das palavras,
a espécie humana recria das
memórias o espelho do tempo.

será a noite e a estrada
os compassos que desaparecem
aos nossos passos?

crepúsculos do instante
são a estranha calma suspensa no ar —
forma e movimento dispersos
pulsando em imagens lentas que
dissipam as antigas formas.

amplos espaços estelares
temporizam o rumo dos caminhos
além da vasta linha invisível.
apenas sorrisos ainda os envolvem:
o eterno é mais sensível que a vida.

fascinação

onde os rebeldes nadam há um mar:
o marulhar no caminho transeunte.
um desenho de gaivotas ao alto
o corpo que se inclina e recria
a alquimia das ciências inexatas.

onde os pés são os dias imaginários:
as ondas como quadros inexatos.
uma simplicidade solar se evade —
tudo é uma só imagem:

a palavra que rima com maria
a rua solitária da noite
as cidades crescendo velozes
na condição do equilíbrio da prancha.

como se me dissessem o que não se
poderia dizer agora: um mar
marulha o meu caminho vazio.

Onde os rebeldes nadam há um
amanhã para o mundo em
segredos que nem se suspeitam
pelos olhos.

pesados da areia eles se deixam durar
nas formas e nos espaços dos dedos:
o tempo então flutua em outro tempo.

asilo

sobre os meses
o sonho e a última chuva:
há um grito inocente que dura
quando amanhece a hora
que descobre as flores
descobrindo o agora.

ao encontro dos dedos,
aparto um homem
que caminha pelas raias do dia,
em riscos pela palma da mão,
como rasgos e linhas da vida.

há muito do ontem no olhar —
pensamentos se movem
por dentro do silêncio,
sutis e gradativos.

há muito do hoje na janela —
o jardim lá fora
descobre uma anunciação:
uma voz qualquer que vem
e faz barulho dentro de mim.

é estranho esse tremor de passos
essas veias azuladas e opacas —
espero por alguém
quando o natal chegar
e então será verão.
choverá uma fina chuva de prata

entrelaçada por um raio de sol.
nela cantarei a música que cantávamos,
como se tomasse alguma coisa nova de você.

então caminho ao entardecer no jardim
onde os passos são leves e sem pressa.
ultrapassamos tudo tão rapidamente,
entre as crianças crescendo sem alarde.

mas existo enquanto dura o sonho.

aqui da janela olho novamente
o jardim: e é mesmo escuro.
as folhagens dançam a dança
de uma morte presumível.

sol

nenhuma sombra
ao meio-dia
só o sol
a pino
sobre a face
da cidade.

muito antes de tudo
há essa saudade,
definitiva.

equilíbrio

retornar ao caminho
entre as suas voltas.

quando é saudade e insisto
quando os cacos se espalham
quando anoitece e é nítido —

quem sabe da prece na viagem,
quem sabe da imagem no espelho?

cada qual em si acontece
cada qual com a sua verdade
cada qual entre as metades.

paralelos

falando das coisas
e do exercício de estar

o silencioso é um conceito
que se espelha e se estreita
nas avenidas e nas faces.

longos fios de sangue se
afinam e escorrem no
estremecer da cidade.

falando dos arquitetos
e do exercício de composição

o movimento das imagens se
amplia abaixo de nossas cabeças.

com a última tempestade,
caminho com a boca coberta de fel
quando descubro na lida
do amanhã outras
correntes intencionais.

mas muito antes do pôr do sol
há uma prece secreta refeita:
como se anjos periféricos
caminhassem sobre mim.

um entusiasmo aqui se acende
por cima das formas entre os

sopros de vento esparramando
o meu sono extremo.

porque a alma e a memória
são mais sensíveis que o tempo.

descoberta

primeiro:
você perde a alma
nas peregrinações e
tentativas concretas.

segundo:
você sonha ser mais que a chuva,
além das químicas e
impossibilidades das esquinas.

terceiro:
você morre de medo dos ventos,
que sopram o final da noite
e revelam as suas fragilidades.

quarto e além:
você fica à beira de si
em um abismo de artérias
de um mistério perecível.

porque olhares medem o tempo
propondo a cancela das horas
com penitências que se movem
entre os acordos com Deus.

e ainda se houvesse mesmo um final
você reencontraria a alma
intacta
de malas prontas
e passagem carimbada.

passagem

à memória de Grazielle de Carvalho

digitais do tempo
sinais de céu e terra
no silêncio e na ausência
da poesia imóvel.

anjos
meninos e meninas
partem viajantes
como estrelas secretas.

mas com todo perdão, Senhor:
não nos habituamos a essa falta.

nômade

a estrada desaparece
a cada novo passo
se tocamos a terra
em direção ao fim das horas.
se abrimos os espaços
e os silêncios
onde pousam os olhos,
se reencontramos
a quem amamos:
o tudo é ainda
alma translúcida.

a solidão é ali calmaria,
se num instante desse dia
observarmos os limites
e as fronteiras
do amor,
força atemporal.

a flor e a náusea

como que vindo
de outro dia
intruso do tempo de
um vento antigo.

construtor de pegadas
um hóspede do gesto
como prorrogada a alma.

iludido ao estar,
o velho desbotado
no banco de trás
na janela ao fundo
se cala por ser tarde

pois não há mais palavras
que se firmem no
acontecido do seu antigo traje —

das mãos ele segura a face
anoitecendo com o olhar,
como um adeus em ano novo.

sete cores

a história do cosmos
é a viagem da vida.

cruzando as avenidas
um ir e vir se mantém
sobre si mesmo.

estrelas de cinco pontas
penduradas na atmosfera
são o destino das células —
DNA de nossas sinas —
sete cores eu aqui tenho,
sete flores e um intento.

tudo será então ascensão.

condescendência de anjos
ao escrever com olhares
o que partirá em mim,
como quem constrói no vento
outro plano de voo

e tenho ainda a meu favor
algum tempo para o agora.

água

correndo entre as
plantas florindo
compondo a vida,
repousando o rosto
identificando pela
repatriação da alma
a conspiração
do celeste reencontro.

os passos rastejam e
replantam as sementes:

deve mesmo ser um plano.

solar

a noite,
sono de todos,
sono de tudo,
é onde encontro
os meus mortos.

festivos, eles
passeiam pelo quintal
subindo nas árvores e
brincando com os gatos.

uns e outros é que
saem pelo portão
invadindo a imensidão
da madrugada —
e voam feito naves espaciais
como caravanas
entre as névoas.

contendo a insônia do tempo
que é o milagre do corpo,
espontâneo, eu sonho
como um sol que se repete.

o passado não passará
o amanhã é só uma espera.

porta-retratos

já não espero que apareça alguém.

aqui somos feitos de lembranças.
aqui as estações são as mesmas
e o barulho da rua não será ouvido:

dá para sentir o barulho do lápis no papel,
os escritos do teu dia e os recados
sem nenhuma geometria.

mas diante do olhar suspenso no caminho,
há um longo relato em lidar com a noite —
são reações e memórias indefinidas.

e sem se dar conta,
tudo era mesmo *para sempre*.

braile

para ouvir o silêncio dentro da escuridão
nesse dia que amadurece no tempo:
começo onde tudo renasce
como estrelas e
dragões de fogo
iluminando o céu.

a estrada do todo pela eternidade
é infinitude que ilumina,
mesmo quando há tanto a
desaparecer na brancura temporal.

o futuro que forma o agora é
invisível como os efeitos
nas linhas do meu contorno —
recorrendo às faces
os mapas do mundo
se intercalam como o
vento na vida clareando a noite.

de toda a percepção que resta
imagens do inconsciente sobrevivem
nas pequenas conquistas e nas
pequenas palavras em relevo.

cada qual é sua própria luz,
e assim o silêncio se transforma:
porque em todo coração dorme um sol.

aqui

nessa rua sem fim
longe de qualquer lugar
eu tenho raízes
em grossas veias
e uma longa noite
para terminar.

olhar em volta de si é
olhar a porta entreaberta
na existência a se esgotar.

variável e lúcido
eu me transformo:

tramo o dia,
tramo o rosto,
tramo o toque —
áspero é o meu adeus.

e cada silêncio
contém em si a
eternidade.

foto

*o ontem
está no ar.*

a ausência
dependurada
na foto
resiste no
olhar que persiste.

*o tempo
está intacto.*

espirais são
o destino
no meu eu que é
sempre teu,
mesmo
que distante.

volta

agora
que é provável
a morte
sem vencimento
sem consentimento
em paz
envelheço a face
na face que cala
mas liberta.

neste precioso tempo,
neste precedente estar:
completo no sentimento
amplo de amor,
o próprio sentido.

o amor da terra,
o amor da concepção —
sem vencimento
sem consentimento

em paz me despeço:
como quem volta
ao melhor lugar.

caminho pelo inevitável —
e não chega a ser aflição.

retrato

um rosto nu
na luz esquerda,
a sombra suspensa
acessível e lenta.

um rosto nu
na luz direita,
a sombra se estende
esquecida e crua.

um rosto nu
na luz central,
a sombra se completa
calamitosa e verdadeira —

na boca que cala
na boca que come
na boca que cospe

meu rosto divaga
o tempo irreal,
sendo mais real que
a palavra do olhar.

antes do olhar

os cinco sentidos
os sete dias
os doze meses —
linhas brilhantes
consentimentos
infindáveis de
um deus único,
que talvez seja todos.

desígnios de luz
são como revelações nas
formas no caminho,
pois o alfabeto se desenha
em claridades que a
certeza nada confirma.

antes do nascer do olhar,
pressentimentos
escavaram a nossa
vivência inerte

o viver imenso
em algum lugar da alma.

explícito

como que
vindo de outra vida,
chego onde estive
como quem parte
no passado que não finda.
o presente será
o futuro do sonho.

no sabor da frase
escapo em pensamentos
pela boca do tempo,
na liquidez da névoa —

escancarado, me revelo ao mar.

o poeta é um ser sozinho

às vezes sou triste
por não ser outra pessoa.

às vezes sou a emoção
do mal agouro de outro lugar.

nem na avenida, nem na casa
que te abre o dia, o caminho
facilita a completude poética.

mas ainda, às vezes, sou poeta
por não ser sozinho, sofrendo e
inventando o que não se vende.

toda a ressaca do século,
toda a possibilidade rasgada:
sou também uma alucinação.

o ser humano é um caminho.

labirinto de lirismos na
busca de segredos e fantasias,
tão distantes e ocultas.

assim, abandonei antigos trajes
e manias, caminhando pela
noite beijei o invisível —
transitando em ritual.

oceânico

sobre esse mar:
um céu de cavalos-marinhos,
um céu de perolas que pisamos:
constelações de conchas como
memórias espalhadas.

há algo melancólico
há algo inesperado na
amplitude do horizonte:

onde a ternura e o vazio
são aladas saudades —
é longa a estrada interior.

perder

perder um amor
é morrer um pouco mais.

dói mais que a ausência
da respiração, dói
mais que a mente
quando se evade,
porque a morte
acontece racional.

mas quando você perde
alguém para a vida
ela continua viva por aí —

é a morte no dia
o pesadelo a se pesar.
é o nunca mais
com alguma esperança.

sintomático

plantei plantas pequeninas
ralas, elas cresceram ao toque da mão.
eram samambaias finas,
delicadas e possíveis
aos meses que me perseguiam.

plantei plantas pequeninas
rasas, elas ampliaram ao toque da mão.
eram espadas-de-são-jorge grossas,
corpulentas e impossíveis
aos anos que me perseguiam.

subindo pelas paredes,
invadindo os quintais
aos vizinhos do mundo
nós éramos uma só era.

as plantas e eu —
no coração da vida —
no assombro do quintal
éramos uma só cadência.

face

em mim sempre morreu alguma coisa
que eu antes não sabia.

eu tenho o tempo para pausar o infinito
e assim registrar com o meu próprio grito
um rastro significante e plausível,
mesmo que ninguém perceba.

não era essa a face que pensei
que se estabeleceria no presente,
essa face cansada que é
outro ser que vive em mim.

passeando dentro do que sou é
impossível registrar com exatidão
meu processo inominável:

não sou mais o homem que me habita
sorrindo para vida, parecendo renascer.
não me pertenço mais no trajeto e na
lentidão dos abraços,
nem nas mãos que indicavam amores.

não é mais essa alma que mora no corpo,
ela viajou sobre o ontem porque existe
o quando e não há mais
a espera que a frase aqui encerra:
um outro pensamento é aqui revelação.

igreja

em silêncio
na igreja vazia
os anjos de vitrais
renovam nossos olhares
e os nossos cuidados,
pelas penitências dos ais.

ausências são aqui
transmutações,
remissões das manhãs
nos sorrisos solares.

os mistérios do relógio,
as imagens que nos oram
compreendem a medida das coisas —
um consentimento do
oposto de todos os rosários:

afinal,
o senhor de tudo
e de toda colheita
permitirá esse tempo.

princípio

relógio imóvel do tempo
o sol que te veste
é poesia que te conduz,
o sol que te despe.

fantasia que se
desprende do corpo
e que se perde na noite
em que me permito
viver do que será e
do que sempre já foi.

desde o princípio,
origem e fim,
as horas me confrontam
porque o tempo é
do tempo só passagem:
e como transparece.

tempo

o tempo
pelos poros
pelas entranhas
se emana.

um plano
um riso
um guia

na leitura das pálpebras
ametistas são água cristalina,
um limite oceânico ancestral.

pelos embaraços
pelos pelos
o tempo
se arremata.

sem julgamentos:
o tempo do tempo.

da beleza

que se torna vida
a cada palavra
desenhos dos braços
são delicadas origens
em que construo
a tua chegada.

malabarismos e
consentimentos
são traços da ideia
acentuados pela
execução dos gestos.

a beleza de existir me dá
a sensação de sobreviver:
e é tudo que me basta.

nosso

da palavra
elevada
a intenção
por todo tempo
e o sentimento
absoluto
que restamos
definitivos.

eis que envelhece

no delicado instante
em que moramos
no coração de um pássaro —
aqui onde resido, aberto,
onde conversam nossos silêncios,
onde consentem nossos olhares.

no pequeno instante das solidões
deixadas, em que exaltamos o ar,
nos amparamos das faltas
nas mãos que se tocam, como
pedidos que não cabem no voo.

no coração de um pássaro —
pequeno instante de arte —
esqueço do que se foi
num risco de faca na face.

geografias são aqui súbitas
plumagens de um
sorriso suspenso.

no sensível instante a
fração da luz é raio e guia,
na mudança das vestes
na mudança noturna.

um pássaro se banha
num longo arco de silêncios,
como os reflexos
das memórias unificadas.

no inevitável instante
de um tempo crescente,
uma generosa explosão celeste se
ilumina e aquece nosso inverno.

amar é então verbo definitivo
e se revela doce como a
delicada vida da infância,
no consentimento que entorpece.

nas asas do pássaro a prece:
quando compreendemos a vida.

vida

em silêncio
a noite
vigia a vida.

pedra dormindo
chuva de azul
gato no telhado
faces que se movem.

são truques?

no olhar do espelho
o tempo acontece.

breve

este dia parte
em escalas decrescentes
de tempo

restarei só
na espera
do rosto prometido

a viagem é vida

assisto antigo
a adolescência do século.

das asas e das flores

pessoas imaginárias
no céu que se consola
como células gradativas
são fios de sangue escoando
as nossas próprias vidas.

não há como separar
o inevitável da espera,
o caos da esperança:
o mais próximo da distância
é a história das intimidades
e dos caminhos que virão.

pessoas imaginárias
com os pés nus no tempo
são confidências íntimas,
a sobra das sombras
encontrando o avesso
no escuro das artérias.

na revolta das horas,
o caos da história:
arremessando por dentro
as provações da juventude,
amassando as rugas maduras
entre os dedos.

não há mesmo como separar
o inevitável da espera.
então finjo acreditar no tempo

procurando reconhecer ainda
o próprio rosto na noite,
mas desisto dos finados truques.

pregando as asas e as flores
na minha própria cruz.

íntimo

pensar assim,
acreditar
que também sou deus.

do desejo de poder
realizar no meu eu
o pouso firme
pela noite

íntimo da atemporalidade
poder ser o guardião
dos sentimentos do mundo.

depois

é depois
de se perder
no tempo, que os
descaminhos
como cercas invisíveis
formam o vento.

é depois
de tocar a memória
do ontem
que o agora
como cerdas visíveis
formam a brisa.

é depois
é bem depois,
que a saudade volta.

claras em neve

minha mãe
batia as claras em neve
feitas de muito açúcar,
como um doce estar
de nuvens brancas.

as claras se elevavam
a partir de cada nova
batida —
entre sorrisos
e possibilidades —
a cada nova batida
as nuvens brancas
cresciam
feitas de muito açúcar.

a convivência do açúcar
como a conivência do amor,
na chuva caiam pela lembrança
como o marulhar da colher
em formação dos algodões
de açúcar: as claras
de invisíveis para a formação de
branquidões contrárias
ao sol se repetiam na luz
da cozinha,
indiferente eu ali seguia,
ainda inocente ao
sentido precípuo do amor.

quando a mim, veio a mim,
enfim,
o sabor derradeiro
das claras na boca
sorriu a minha mãe de
pura satisfação.

uma vida inteira depois
eu ainda descubro a alma dividida,
porque vivo da lembrança
dos detalhes de um instante
que já se foi.

dialética

na cidade dos homens
das árvores inabitadas
de folhas em branco
de João e Maria
os passarinhos no galho
são barulhos do vento
entre esquinas e curvas —
corro então o risco pelas
fotos da loja onde
caminham felizes
os antigos
meninos de bicicleta.

assim é o centro da minha
rememoração diária:
todo dia me apagam o sol
e tocam os sinos, indiferentes
ao nosso estar ou ao nosso partir.

viagem

chega a noite
e a imagem de si no espelho
se torna anônima,
como se amar
fosse um esquecimento.

doendo a ferida na pele,
meus escritos e memórias
são elegias do tempo.

espíritos que nos habitam
formam ali as compreensões
que consentem nossos silêncios.

lá fora, vejo as nuvens
que se entrelaçam ao sol,
que queima por dentro.

terminar é diferente de morrer,
e morrer é sim libertar-se, liberar
o interior de um bosque,
mesmo incendiado,
sem excessos, como os ecos
de um abismo.

há um pomar que queima por dentro,
entre os esconderijos do crepúsculo
onde se acumulam as vidas.

florescências são séculos
que nunca bastam.
habitando nossos horizontes, como
esconderijos de sol.

tatuagem

todo gesto
será eternizado
como mágica no tempo.

semelhança e essência
no centro do espaço,
como um sorriso
muito além da viagem
que se imagina e
que transcende na noite
quando o sol se põe.

quando os anjos do sonho
nos conduzem pelas almas e
pelas imagens do mundo
que se partem

nos consentem um hábito
do ser que é habitado
no tempo do vento,
uma prece em silêncio.

o estigma do sentir,
a tatuagem dos olhos,
refletem os espelhos d'água
que são traços de luz,
são reflexos da face
e da vida infinita.

então formo um só destino:
um novo pesar, dentro de outro.

processo de busca

um processo de busca,
um caminhar pelos dias,
as guias e as luzes se vão
como fumaças de neon.

tenho então andado distante
ao encontro de um novo mundo,
entre atalhos e labirintos,
esconderijos e segredos.

como esquinas de mim mesmo
onde me entrego, onde fluem as ruas,
no mapa do sentimento presente
que é ainda muito pouco.

são passos que talvez nem existam,
mas se permitem caminhar como
instrumentos da alma,
tão perecíveis como folhas
no tempo levado pelos adeuses.

um processo de busca
que caminha pelos dias —
no sonho do infinito.

digital

o que machuca
é o retrato
em que não estou.

é o prego que ficou
pregado na parede
a espera.

um risco de moldura
que acentua
uma digital se apagando
sublimando a ausência.

o que mais me machuca
é o retrato
em que não estou.

são as horas que ficaram presas
no coração do tempo.

há

há uma margem
do outro lado
há o espalhar
da forma
no centro do espaço.

há uma luz
que se permite o sonho —

que é como circula tua face
no tempo do meu segredo.

além

com os punhos cerrados
pela força do tempo
eu me entendo
bem mais que antes
no depois e no além,
sou um ser espiritual.

a salvo da viagem,
intacto,
até outro recomeço.

composição

se ao soprar
sou vento,
se ao acontecer
eu invento,

o pensamento
do sentimento é
aqui um intento,
como um cachorro
abanando o rabo.

sorrio pelas ruas
sofro pelas ruas

se ao viver
sou uma ideia,
se ao transitar
sou um sonho,

como o outro em mim:
caminho maquinando os dias.

vento

em silêncio ofereço ao dia
toda fantasia
de um caminho incerto.

nossa realidade, à deriva,
compõe o núcleo dos
reflexos da vivência.

dos olhares que apreendem
os que habitam as almas,
em segredo aguardo o meu fim —

e no tempo do vento atravesso o século.

a deriva

o que dói, é muito mais
que essa ausência oceânica,
é essa viagem a deriva,
é essa lenta desconstrução do sonho.

o que dói mais
é esse desenho de distância
tatuado por dentro —
é essa denúncia todo dia,
é esse olhar de tempo
fazendo compreender
e da forma mais escancarada
a origem da palavra saudade.

regresso

pela memória
volto àquela casa.
toco o reboco gasto,
os tijolos expostos,
as fraturas do tempo.

volto àquela casa
e antigo eu me deparo
com o som das portas,
o vento da noite fria
atravessando meu pesadelo.

sinto ainda na boca
a água boa de beber,
o cheiro da hortelã,
e passeio pelo quintal.

volto àquela casa
de um ontem infindo
que se acumulou e
que me acolhe
compreendendo todo mal.

assim, vou me movendo
entre os meus canteiros,
entre as verdes folhas,
e um entusiasmo me toma:
resvalo na velha árvore
sem idade — pois temos todas
as idades aqui.

volto àquela casa
revendo as paredes rachadas,
as fotos e as ruínas de mim.

com um pedido da alma,
com um abraço de saudade
eu volto àquela casa
e assisto mais antigo do
que nos segundos passados
meu instante envelhecido,
pelas inevitáveis mortes.

volto àquela casa
e de memória, eu sei,
ensaio ser o mesmo, inalterado,
como um tempo relutante,
mas sou mesmo o sorriso de sempre,
do mesmo encanto na face.

prece

a voz da água
e do vento
no universo imortal:
pesares e lamentos
são alentos de flores e
sons que se emanam
no pôr do sol.

poesias inocentes e brutais
são ternura e generosidade
na hora extremada
que a paz irrompe —

um espaço suficiente
da viagem infinita,
em lembranças e caminhos,
se partem de anjos emissários
como sinais e preces,
como as músicas que gostamos
aos ouvidos do nosso senhor.

livro

eu estava contando
sobre um livro,
falava de tudo
e de qualquer coisa.

falava da cidade vazia,
das estradas cruzadas,
do tempo imóvel
e de toda coisa.

eu estava contando
sobre os passeios noturnos,
falava das claras esquinas
e as suas mãos apertando
os olhares do amanhã.

na escrita desse instante,
eu estava contando do
meu eu desaparecido —
e escrevo, ainda assim,
mesmo restando o silêncio.

pouso

repousa invisível
sobre os passos
toda a fé acumulada
que se declara
sobre o topo da vida.

repousa visível
sobre os desejos
toda madrugada inesperada
medida após a completude
das escrituras espirituais.

como se chegasse o novo tempo
equilibrando as estações,
um caminhar dentro do abraço
no instante da alma
me revela as repetições

dos amores e dos sentimentos
é que a existência se acumula.

breve

este dia
parte despido
em escalas decrescentes.
assim permaneço só
como um ritual sem plano
de nascimento e volta.

este dia
que parte despido
é apenas outra espera.

101

à cidade

recordo a rua que seguia lenta
no meu dia que lentamente
observava as nuvens saltarem.

um aperto de mão
um velho carro de som
o sol a pino
desbotando o jeans azul,
a cidade
remoendo minha lembrança.

e de dentro do poema correm rios:

por isso as artérias são mapas,
por isso envelhecemos tão rápido,
por isso as palavras saem do silêncio,
por isso as casas é que repetem faces,
por isso as ruas competem com os passos,
por isso a dança da lua faz parte dos mares,
por isso a vida permanece inócua,
por isso aquele tempo continua em mim.

arriscar um sorriso

arriscar um sorriso
uma lança ao infinito,
do corpo e do espírito
há um bem querer
uma viagem
sobre o risco.

são malabarismos
são caminhos,
como tentáculos,
como feixes de luz
na medida da distância
o tempo é contratempo.

notável mesmo é a
compreensão dos
movimentos e das
danças, quando
atravessamos os jardins
sobrevivendo ao minuto seguinte.

inverno

vindo do sul
vindo do norte
o vento que
nos invade é
ainda mais
vivo.

pássaro frio
de olhar despido
como um homem
em seu próprio inverno —

compondo os dias
em frestas de luz
no encanto de um canto,
mesmo quando há uma
máquina de fabricar o tempo.

até o madrugar momentâneo,
até um outro verão proceder,
e mesmo assim, o derradeiro
sorrir é o próprio invento:
existir em contentamento.

do espelho

o espelho
à espera da imagem
transita
pelo rosto no tempo.

simplesmente o caminho
dos reflexos é concebido
pelo gesto que oferece
da aura ao rosto
um novo traçado do dia.

das ruas e dos rumos
o olhar do espelho é
abraço da vida
no espanto da face,
quando um instante acontece.

plano de voo

se ao pensar
aponto a seta
que perpassa
quase tudo no sonho,
a minha palavra
cede um sopro
ao dia que se retrata
e que o olhar transporta.

sobre a poesia que é vida
é que realmente vivo
o infinito dos meus dias —
pela força corpórea do tempo,
mesmo quando derradeiro.

eu quero

eu quero teu abraço
tua respiração em mim

como se fôssemos um
e somos

razão de tudo
que bastaria
pra viver.

face

que rosto terei
quando a madrugada
ressurgir?

do sono de tudo
e de todos a
barba é hoje
mais branca.

me levanto e o sol
é ainda mais antigo,
mas busco negociar
com o tempo no
momento em que
as formas do invisível
me sucedem —

dos pedaços e dos passos
renascem meus rastros.

geométrico

no centro do espaço
um traço é um truque:
a forma em movimento.

o dia pulsando geométrico,
nas vias e nas rimas
do som do vento
e das chuvas,
a palma da mão
é um mapa:
a passagem da
arte de esquecer.

um vazio preenchido
é aqui aura expandida,
imagem refletida
na face solar da noite,
nas águas e nos rios,
afluentes e renascidos.

o tempo é aqui um círculo.

migrando

e quando busco,
longe e distante,
me encontro migrado
no espelho do tempo.

uma fresta de vida
possibilidade e luz
dos olhares na face
um entusiasmo

no encontro
das noites
as almas em escolta
umas
beijando as outras.

labirinto

na noite incomum
as ruas se confundem
no labirinto
da minha existência.

uma noite imperfeita
de pássaros deslizantes
passeiam pela saudade escura.

com os gatos pelos muros,
com os olhares luminosos,
espiamos voláteis os desejosos
novos caminhos que se confundem.

uma eternidade é então definida:
no longo recomeço da alma.

Posfácio

tempo do tempo

somos arquipélagos
ilhas de pensamentos,
ventos que assopram na vida
todo sentimento.
desafio digno
combate e risco
ao se render em silêncio,
na busca infinita
do absoluto interior —
a essência que nos habita
é nossa identidade definitiva.

tempo do tempo

Otávio Machado

Índice de poemas

25 o corpo
26 neste dia
27 formação
28 luz
29 ano novo
30 morar no coração de um pássaro
31 um plano
32 além
33 cântico
34 olhar de anjo
36 viagem
38 estelar
39 quintal
40 azul
41 da morte
42 fascinação
43 asilo
45 sol
46 equilíbrio
47 paralelos
49 descoberta
50 passagem
51 nômade
52 a flor e a náusea
53 sete cores
54 água
55 solar
56 porta-retratos
57 braile
58 aqui
59 foto
60 volta

61 retrato
62 antes do olhar
63 explícito
64 o poeta é um ser sozinho
65 oceânico
66 perder
67 sintomático
68 face
69 igreja
70 princípio
71 tempo
72 da beleza
73 nosso
74 eis que envelhece
76 vida
77 breve
78 das asas e das flores
80 íntimo
81 depois
82 claras em neve
84 dialética
85 viagem
87 tatuagem
89 processo de busca
90 digital
91 há
92 além
93 composição
94 vento
95 a deriva
96 regresso
98 prece

99   livro
100 pouso
101 breve
102 à cidade
103 arriscar um sorriso
104 inverno
105 do espelho
106 plano de voo
107 eu quero
108 face
109 geométrico
110 migrando
111 labirinto

© 2019, Otávio Machado
Todos os direitos desta edição reservados à
Laranja Original Editora e Produtora Ltda.

www.laranjaoriginal.com.br

Edição **Filipe Moreau**
Projeto gráfico **Arquivo · Hannah Uesugi e Pedro Botton**
Produção executiva **Gabriel Mayor**

Dados Internacionais de Catalogação na Publicação (CIP)
(Câmara Brasileira do Livro, SP, Brasil)

Machado, Otávio
    Tempo do tempo / Otávio Machado. — 1. ed. — São Paulo:
    Laranja Original, 2019. — (Coleção poetas essenciais; v. 9 /
    coordenação Filipe Moreau)

ISBN 978-85-92875-53-4

1. Poesia brasileira I. Título. II. Série.

19-26144   CDD-B869.1

    Índices para catálogo sistemático:
    1. Poesia: Literatura brasileira B869.1

Fontes **Gilroy e Greta**
Papel **Pólen Bold 90 g/m²**
Impressão **Forma Certa**
Tiragem **200**